Faniry Malala RANAIVOSON

Une rencontre mouvementée

Faniry Malala RANAIVOSON

Une rencontre mouvementée

Partie 1: Une attirance tragique

Éditions Muse

Cover image: www.ingimage.com

Publisher:
Éditions Muse
is a trademark of
Dodo Books Indian Ocean Ltd., member of the OmniScriptum S.R.L Publishing group
str. A.Russo 15, of. 61, Chisinau-2068, Republic of Moldova Europe
Printed at: see last page
ISBN: 978-620-3-86675-9

Priya, une jeune femme robuste et travailleuse était autrefois une championne de tennis dans sa région. A la naissance de sa fille, elle a dû arrêter sa carrière pour pouvoir entretenir cette petite.

Elle espère un jour reprendre sa carrière sportive mais serait-ce toujours ? La vie de Priya lui réservera pas mal de surprises.

PARTIE 1 : Attirance tragique

Personnages :

Protagonistes : Priya Mahal & Arrold Bayard

Antagonistes : Alberto & Roxette

Autres :

Mireille : sœur d'Arrold

Alberto : le mari de Mireille

Laura : fille de Priya

Steffi : fille de Mireille et Alberto

Rihana : meilleure amie de Priya

Lucas : meilleur ami d'Arrold

Florence : propriétaire de l'immeuble où vivent Arrold et Priya.

Roxette : l'ex petite-amie d'Arrold

1

Miami

Samedi matin : 7h45

Priya : dépêche-toi Laura ; je vais encore être en retard à la librairie.

Laura : j'arrive maman. Je mets seulement mon bonnet dans mon sac et…Je suis prête. ON peut partir maintenant.

Priya : très bien. Attend-moi directement dans la voiture, je vais chercher les clés.

Laura : d'accord.

Et Laura est partie.

Florence : bonjour Laura.

Laura : bonjour Florence. Comment allez-vous ?

Florence : je vais très bien. Tu vas où ?

Laura : à la piscine. Maman m'a inscrite dans un club au centre de sport.

Florence : ah c'est très bien alors. Tu sais nager ?

Laura : euh…non. Mais je vais apprendre, c'est mon premier jour aujourd'hui.

Priya est arrivée.

Priya : bonjour Florence.

Florence : bonjour ma fille. Je vois que vous êtes très pressées.

Priya : comme d'habitude et je serai encore en retard au boulot.

Florence : avec un peu de chance tu ne le seras pas.

Priya : oh, la chance, je crois bien qu'elle m'a déjà oublié il y a longtemps.

Florence : ne dis pas ça.

Priya : en tout cas, je n'y compte plus. Bon, allons-y Laura. Au revoir Florence et passez une bonne journée.

Florence : merci et à vous aussi.

Et elles sont parties.

2

CENTRE DE SPORT MIAMI :

Samedi matin : 8h00

Rihana : que fait Arrold ici, Lucas ?

Lucas : dorénavant, il fera partie de notre équipe.

Rihana : tu es sérieux ? Vous les riches, vous n'avez vraiment rien à perdre.

Lucas : arrête avec ça Ri…Il sera le binôme de Rachelle. Arrold s'occupera des petites tandis que Rachelle des petits.

Rihana : je vois déjà quelqu'un qui sera un pot de colle pour certain.

Lucas : Rihana !!! Un peu de retenue.

Rihana : je comprends maintenant pourquoi il est bien bâti.

Lucas : tu es exaspérante Rihana.

Rihana : quoi ? Je ne fais que le mâter simplement. Mais il ne m'attire pas, c'est bizarre. Peut-être que c'est ce qu'on appelle le destin. Il est déjà destiné pour quelqu'un d'autre. Mais par contre, je sais parfaitement qui est fait pour lui.

Priya et Laura sont arrivées.

Priya : bonjour.

Rihana : salut Priya ; salut Laura.

Laura : salut Rihana.

Rihana : Priya, je te présente Lucas Stevens ; il est mon duo.

Priya : ah ! Enchantée Lucas, moi c'est Priya, une amie de Rihana ; et voici ma fille Laura.

Lucas : ravi de faire votre connaissance Priya. Laura, es-tu prête à devenir une des nôtres ?

Laura : oui.

Lucas : je vais te confier au meilleur maître-nageur ; viens, suis-moi.

Laura : au revoir maman.

Priya : au revoir ma chérie et amuse-toi bien.

Priya a pris sa fille dans ses bras et après, elle est partie.

Lucas a emmené Laura à l'équipe d'Arrold.

Lucas : et une de plus pour toi Arrold.

Arrold : oh, bonjour toi. Comment tu t'appelles ?

Laura : Laura Mahal.

Arrold : enchanté Laura, moi c'est Arrold. Tu es prête à jouer ?

Laura : je ne sais pas nager.

Arrold : je comprends. Ne t'inquiète pas ; on est ici pour apprendre.

Lucas : bon, je vous laisse. A plus Laura.

Laura : au revoir.

3

LIBRAIRIE ASSOULINE: MIAMI BEACH

Samedi, 8h45:

Clarita : encore en retard Priya.

Priya : je suis désolée madame Clarita. Je devais encore accompagner Laura au centre de sport.

Clarita : ah ! Elle s'est mise au sport aussi. Et elle fait quoi comme sport ?

Priya : la natation.

Clarita : à son âge ? Tu n'as pas peur qu'elle se noie dans la piscine ?

Priya : c'est ce qu'elle a choisi. J'ai peur mais je reste optimiste.

Clarita : si tu le dis. Bon, occupe-toi de la caisse.

Priya : tout de suite madame.

Quelques heures plus tard, Rihana a raccompagné Laura à la librairie où travaille sa mère.

Priya : merci Rihana.

Rihana : mais je t'en prie. Où est Clarita ?

Priya : dans la salle d'archive avec Eric.

Rihana : ok. J'aurai bien aimé vous inviter à déjeuner avec moi mais j'imagine déjà la tête que fera ta patronne.

Priya a souri.

Priya : ce n'est pas grave. Ce sera pour la prochaine fois.

Rihana : au revoir Laura.

Laura : au revoir Rihana.

Et Rihana est partie.

Priya : alors ma chérie, comment c'était ?

Laura : bien. Le maître est très gentil. Il m'a même prêté une attention particulière. Il m'a appris l'essentiel.

Priya : ah c'est bien alors. Et tu t'es fait des amis ?

Laura : pas encore. Mais j'espère que j'en aurai. Maman, est – ce – que je peux prendre des livres pour les lire en attendant l'heure ?

Priya : vas-y.

4

Rachelle : alors, c'est qui cette petite fille avec qui t'as passé la majorité de ton temps ?

Arrold : ah ! C'est Laura. Elle est nouvelle ici et débutante aussi.

Rachelle : tu connais l'un de ses parents ?

Arrold : non. Mais sa mère est une amie de Rihana.

Rachelle : ah ! Je pensais que tu connaissais l'un d'eux.

Arrold : elle a du potentiel ; elle a juste besoin d'un peu d'aide.

Rachelle : elle a quel âge ?

Arrold : elle doit avoir 7 ou 8 ans.

Rachelle : elle est la plus jeune de ton équipe alors.

Arrold: pour l'instant. La semaine prochaine ma nièce intègrera mon équipe aussi.

Rachelle : je vois que les petites adorent ta compagnie.

Arrold: comme les petits adorent la tienne.

Rachelle : j'adore la force et la robustesse. C'est ce qui caractérise les garçons des filles.

Arrold : les petites filles aussi sont fortes tu sais.

Rachelle : oui, mais elles aiment semer la pagaille plus tard.

Harold : il suffit juste de bien les encadrer et ça n'arrivera pas.

Rachelle : tu as une fille ?

Arrold: non ; je n'ai même pas encore trouvé sa mère. Par contre, j'ai ma nièce. Elle passe tous les week-ends en ma compagnie.

Rachelle : je suis sûre que tu feras un excellent papa.

Arrold: je l'espère. Bon, content d'avoir discuté avec toi mais maintenant, je dois partir car j'ai encore quelques dossiers à vérifier sur mon bureau.

Rachelle : d'accord. Passe une bonne journée.

Arrold : merci et toi aussi.

Et Arrold est parti.

Le soir, Mickael, le père de Laura est venu chez eux pour passer un peu de temps avec sa fille. La petite est très contente.

Mike : alors, comment va ma jolie princesse ?

Laura : très bien. Je suis contente de t'avoir avec nous ici.

Mike : maman m'a dit que tu as intégré le club de natation ?

Laura : oui. Notre maître est très gentil.

Priya : elle n'arrêtait pas de dire du bien de son maître depuis ce matin.

Mike : et tu l'as rencontré son maître-nageur ?

Priya : non, pas encore. J'étais pressée ce matin et je n'ai pas pu. Je le rencontrerai sans doute plus tard.

Mike : je souhaite seulement que tu sois heureuse Priya. Je t'ai déjà volé ton bonheur.

Priya : ce n'est pas seulement de ta faute Mike. J'étais aussi fautive alors ne te culpabilise pas pour ça. Aujourd'hui, mon plus grand bonheur, c'est Laura.

Mike : Laura, tu permets que je parle un instant à ta mère ?

Laura : oui papa.

Et Laura est partie.

Priya : qu'est – ce – qu'il y a Mike ?

Mike : je dois partir. J'ai eu une promotion et mon supérieur m'a envoyé à Londres pour m'occuper de la filiale.

Priya : et tu par quand ?

Mike : ce Lundi. Mon vol est à 16h. Ne t'inquiète pas pour Laura, je resterai toujours en contact avec elle.

Priya : ce n'est pas ce qui m'inquiète. Ce qui me tracasse un peu, c'est le comment va – t – elle le prendre. Mais bon, comme toujours, je sais qu'elle saura gérer.

Mike : je lui parlerai en même temps que toi.

Priya : d'accord.

Mike : Laura a de la chance de t'avoir comme mère Priya. Et moi, je te souhaite que du bonheur ; que tu trouves quelqu'un qui saura te rendre heureuse ; car tu le mérites.

Priya a souri.

Priya : tu restes dîner avec nous ? Comme ça, on aura le temps et l'occasion d'annoncer la nouvelle à Laura.

Mike : d'accord.

Quelques minutes plus tard, ils ont mangé et Mike a annoncé la nouvelle de son départ à Laura. Comme Priya s'y attendait, Laura était triste.

Laura : tu vas rester combien de temps là-bas ?

Mike : c'est pour mon travail et c'est pour un temps indéterminé. Mais ne t'inquiète pas, on restera toujours en contact ; je t'appellerai tous les jours pour avoir de tes nouvelles ; je te raconterai des blagues et on discutera des heures…

Laura : un appel-vidéo ça va ?

Mike : excellente idée. Tu es d'accord Priya ?

Priya : bien sûr.

Mike : on pourra passer la journée ensemble demain ?

Priya : je crains malheureusement que je ne pourrai ; mais vous allez-y.

Laura : tu vas faire quoi maman ? C'est Dimanche demain, t'as oublié ?

Priya : non, je n'ai pas oublié. Mais madame Clarita a besoin de moi et je dois me rendre à la librairie demain. Nous recevrons des nouvelles collections la semaine prochaine et on doit faire un peu de rangement.

Mike : ah ! Mais tu travailles beaucoup tu sais.

Priya : oui je sais ; mais ce n'est que pour demain. Je pourrai toujours vous rejoindre vers l'après-midi. C'est sûr que je ne terminerai pas tard.

Laura : c'est mieux ainsi.

Le lendemain, Mickael est venu à l'appartement de Priya pour chercher Laura de bon matin.

Mike : on peut t'accompagner si tu veux.

Priya : non, ce n'est pas la peine. J'ai une voiture, tu sais.

Laura : dis plutôt une vieille voiture maman.

Laura a rigolé.

Priya : c'est ça, moque-toi. C'est cette vieille voiture comme tu dis-là qui te permets de ne pas arriver en retard à l'école.

Mike : d'accord, comme tu voudras Priya. Tu es prête Laura ?

Laura : oui papa.

Mike : nous allons passer une superbe journée.

Laura : je n'en doute pas. Au revoir maman. On se voit cet après-midi alors ?

Priya : oui. Je vous appellerai en sortant de la librairie pour que je puisse vous rejoindre.

Mike : ok.

Laura : je t'aime maman.

Laura a embrassé sa mère et après, ils sont partis.

Priya : ah ma petite Laura…Comment est – ce – que je pourrai bien combler le vide que te laissera ton père ?!

Priya a soupiré.

5

Steffi : on fait quoi aujourd'hui tonton ?

Arrold : on va rester sagement à la maison, faire des crêpes au chocolat.

Steffi : ah, j'adore ça.

Arrold : mais pour faire des crêpes, il nous faut des ingrédients ; et des ingrédients, je n'en ai pas.

Steffi : donc, il faut nous en chercher.

Arrold: bingo !!! Allez, prépare-toi, on va d'abord faire les courses.

Steffi : yes…J'adore faire les courses. Je vais me dépêcher.

Et Steffi est partie en courant. Peu après, ils sont descendus dans le garage, prêt à partir.

D'un côté, quand Priya est prête à partir elle aussi, sa voiture ne voulait pas démarrer.

Priya : et merde ! Pas encore. Vas-y, démarre ma belle.

Mais en vain.

Priya : génial. Clarita va encore m'engueueler. Je vais devoir prendre le bus pour y aller.

Et Priya est sortie de sa voiture. Elle s'est précipitée pour sortir du parking pour prendre le bus et elle n'a pas fait attention à regarder la route. Et quand elle a traversé, une voiture a failli la renverser ; heureusement que le chauffeur a eu le réflexe de s'arrêter. En voyant Priya sous le choc et en train de marmonner, le chauffeur est sorti.

Arrold: je suis vraiment désolé madame ; est – ce – que vous allez bien ?

Priya : bien sûr que je ne vais pas bien. Vous avez failli me rentrer dedans bon sang !

Arrold : je sais et je m'excuse. Je ne savais pas que quelqu'un allait sortir du garage à pieds. En plus, c'est en partie votre faute ; vous ne regardiez pas avant de traverser.

Priya : ah ; parce que maintenant, votre imprudence est de ma faute. Si je n'étais pas pressée, je vous aurai mis à votre place.

Arrold: vous êtes sûre que vous n'avez pas besoin d'aller voir un médecin ?

Priya : vous insinuez que je suis folle, c'est ça ?

Arrold: non. Je vous demandais juste si vous allez bien.

Priya : je vais très bien monsieur.

Arrold : dans ce cas, laissez-nous vous raccompagner. Je ne voudrai pas que vous soyez en retard à cause de moi.

Priya : je suis si pressée que je me dois d'accepter votre proposition.

Arrold: d'accord. Dans ce cas, montez.

Et Priya est montée.

Steffi : oh, tu as trouvé une amie, tonton.

Arrold : ce n'est pas mon amie.

Steffi : bonjour madame.

Priya : bonjour toi.

Steffi : je m'appelle Steffi et je suis la nièce de mon oncle, ici présent.

Priya : oh, enchantée Steffi.

Arrold : où allons-nous ?

Priya : à la librairie Assouline Miami Beach.

Arrold: aussi loin ? Et qu'allez-vous faire là-bas ? Je pensais que c'est fermée puisqu'on est Dimanche.

Priya : j'y travaille.

Arrold : j'ignorais que la librairie employait ses employés à un Dimanche.

Priya : ça ne vous regarde pas.

Arrold: oh, vous avez raison ; je suis désolé.

Quelques minutes plus tard, ils sont arrivés.

Arrold : ici ?

Priya : oui, merci.

Priya a dit au revoir et elle est partie.

Clarita : puisqu'on est Dimanche et qu'on n'est pas censé travailler, je ne vais faire aucun remarque sur ton retard cette fois.

Priya : je suis désolée Clarita ; ma voiture ne voulait pas démarrer et à cause de ça, j'ai failli me faire renverser.

Clarita : pourtant, je t'ai vu arriver dans une voiture.

Priya : c'est son chauffeur qui a failli me renverser. Et il m'a ramené pour se faire pardonner.

Clarita : ah d'accord. Au moins, tu es saine et sauve.

Priya : heureusement oui. Bon, je vais rejoindre Eric dans la salle d'archive.

Clarita : ok, vas-y.

6

De leur côté, Laura et Mike s'amusent beaucoup. Vers le début de l'après-midi, comme promis, Priya les a rejoints.

Mike : tu penses faire quoi à l'avenir Pri… ?

Priya : oh, je ne sais pas encore trop.

Mike : tu ne comptes plus reprendre ta carrière sportive ? Laura est assez grande tu sais.

Priya : non. Le sport prend beaucoup de mon temps et je ne voudrai surtout pas que Laura se sente délaissée. Je préfère rester à la librairie pour le moment.

Mike : pourtant, je suis sûr que Laura ne verra aucun inconvénient à ça.

Priya : elle ne dira rien mais je sais qu'au fond, elle sera triste.

Mike : comme tu voudras. En tout cas, tu connais Laura plus que moi.

Priya a souri.

Mike : bon, et si on allait manger des glaces tous les trois ?

Priya : d'accord.

Et Priya a appelé Laura.

Vers le début de la soirée, Mike les a raccompagnées à leur appartement.

Laura : tu vas me manquer papa.

Mike : à moi aussi ma chérie. Sois bien sage, hein ?

Laura : oui papa.

Mike : tiens, j'ai un cadeau pour toi.

Laura : merci beaucoup.

Mike : grâce à ça, on pourra toujours rester en contact. Si elle a un problème, n'hésitez pas à aller voir les techniciens de Bayard Company.

Laura : c'est entendu.

Priya : fais bon voyage Mike.

Mike : merci.

Avant de partir, Mike les a prises dans les bras.

En rentrant, Florence a vu Priya et Laura.

Florence : alors, avez-vous passé une bonne journée ?

Laura : oui ; mais mon père va partir.

Florence : j'ai vu oui, que tu avais du mal à le quitter. Mais bon, ce n'est pas comme si il allait partir pour toujours et que tu ne pourrais plus le voir. Ce n'est rien de grave. Oh, Priya, ta voiture a été réparée. J'ai aussi vu qu'elle ne voulait pas démarrer ce matin alors j'ai fait venir le mécanicien pour le voir.

Priya : ah d'accord. Merci beaucoup Florence. Et il a trouvé ce qui clochait ?

Florence : oui ; il a déjà tout réparé. Tu peux être tranquille.

Priya : je ne sais pas comment vous remercier Florence. Et combien a – t – il voulu prendre pour la réparation ? Je suppose que vous l'avez avancé alors,...

Florence : non, il ne m'a rien pris. Il l'a fait gratuitement. Je lui ai dit que c'est la voiture de l'une de mes amies alors il n'a rien voulu prendre. En plus, je le connais très bien et ça a facilité la tâche.

Priya : dans ce cas, je vous dois une fière chandelle. Vous pouvez me donner au moins son numéro pour que je puisse le remercier de ma part.

Florence : bien sûr...Tiens.

Priya : merci beaucoup.

Florence : c'est toujours un plaisir de rendre service à quelqu'un. Bon, je vous laisse maintenant. Passez une bonne soirée.

Priya : merci et vous aussi Florence.

Laura : bonne nuit Florence.

Florence : bonne nuit.

Et elles sont parties. Une fois arrivées dans leur appartement, Priya a appelé le numéro que Florence lui a donné pour remercier le mécanicien. Ce n'est autre que monsieur Arrold Bayard ; ce dernier était chez sa sœur pour ramener Steffi.

Mireille : c'était qui ?

Arrold : l'amie de Florence ; la propriétaire de la voiture que j'ai réparé cet après-midi.

Mireille : dis donc et que voulait-elle ?

Arrold : rien d'autre à part me remercier d'avoir réparé gratuitement sa voiture.

Mireille : tu sais que t'es le meilleur frangin qui existe sur terre…Je ne comprends toujours pas pourquoi tu ne te maries pas.

Arrold : sans doute parce que je n'ai pas encore trouvé celle qu'il me faut.

Mireille : il y a tant de femmes qui rêvent d'être ta femme à Miami mais c'est toi qui n'en veux pas.

Arrold : ce n'est pas faux. La majorité d'entre elles ne veulent être avec moi que pour mon argent alors je préfère me méfier. Je suis sûr que quelque part dans ce monde, il y a celle qui est faite pour moi. Je ne l'ai tout simplement pas encore rencontrée.

Alberto : tu vas finir vieux papa, crois-moi.

Arrold : si c'est ce que veut le destin alors, je ne me plaindrai pas. Bon, je vous laisse maintenant. Steffi, n'oublie pas que Samedi prochain tu commences ton cours de natation.

Steffi : oui tonton. Au revoir.

Arrold : au revoir et bonne soirée.

Et Arrold est parti.

De l'autre côté, Laura a ouvert le cadeau que son père lui a donné avant de partir. Elle était très contente de voir ce que c'était : une tablette dernière marque de Bayard Technology.

Laura : c'est le dernier modèle de BYD. Je l'adore.

Priya : ah oui ? ! Pour moi, elles se ressemblent toutes.

Laura : il faut que tu sortes un peu de ta coquille maman. Il est vrai que les livres sont géniaux et très riches en matière de culture, mais de nos jours, il faut aussi se connecter de temps en temps. Au moins pour connaître les nouvelles dans le monde entier.

Priya : bon, range ça d'abord. Tu le regarderas demain car maintenant, c'est l'heure d'aller au lit.

Laura : d'accord maman. Je vais la ranger et je me couche directement après.

Priya : très bien, je t'attends au lit.

Le lendemain, dès qu'elle s'est réveillée, Laura a joué avec sa tablette. Et quelques temps plus tard, elle s'est tout de suite éteinte et n'a plus voulu redémarrer. Elle l'a regardé et a tout fait son possible mais elle n'a pas réussi.

Laura : maman, ma tablette s'est cassée.

Priya : comment ça ?

Laura : elle fonctionnait très bien tout à l'heure et après, elle s'est tout de suite éteinte.

Priya : tant mieux alors parce qu'il est temps pour toi d'aller te préparer pour l'école.

Laura : je suis très sérieuse maman.

Priya : et moi aussi jeune fille.

Laura : et comment je vais faire ? Et si papa veut m'appeler ?

Priya ; je l'emmènerai avec moi à la librairie voir si Eric peut trouver ce qui cloche et si il ne le trouve pas, j'irai voir le technicien comme l'a conseillé ton père.

Laura : d'accord. Je vais me dépêcher de me préparer alors.

Priya : vas-y. Et ne tarde pas.

Laura : oui maman.

7

Arrold : vous avez donné mon numéro au propriétaire de la voiture que j'ai réparé hier ?

Florence : oui. Elle a tant insisté pour vous remercier.

Arrold : oui. Mais j'aurai dû lui dire qu'elle devrait changer de voiture car la sienne est déjà tellement vieille ; et même si elle le répare tout le temps, elle finira toujours par tomber en panne.

Florence : mais tu as bien fait de ne rien lui dire ; Priya n'aurait pas vraiment apprécié.

Arrold : oui mais c'est la vérité.

Florence : mais tout le monde n'a pas eu la chance comme toi mon garçon.

Arrold : je ne suis pas sûr de vous suivre Florence.

Florence : tu peux changer de voiture autant de fois que tu le voudras. Pour certains, il leur faut des années d'économie pour pouvoir acheter une voiture neuve.

Arrold : oh, je comprends. Mais puisqu'elle peut s'installer ici, ça veut dire qu'elle a les moyens.

Florence : pas tout à fait Arrold. Tiens, la-voilà.

Arrold était très surpris de voir que c'était la fille qui l'a engueulé la veille.

Arrold : c'est vous ?

Priya : bonjour. Arrold ?!

Florence : vous vous connaissez dites donc.

Arrold : une rencontre un peu mouvementée.

Priya : un peu ?!Vous avez failli m'écraser.

Florence : quelle coïncidence alors. Priya, c'est lui qui a réparé ta voiture hier.

Priya : ah !

Arrold : c'était vous qui m'a appelé hier soir ? Je comprends maintenant pourquoi la voix que j'ai entendue me semblait familière. Priya, vous devriez changer de voiture ; la vôtre est déjà très vieille.

Priya : merci pour votre conseil mais je n'y accorderai aucune attention.

Arrold : oh, très gentille à vous. Bon, je dois partir maintenant. Passez une excellente journée mesdames.

Et Arrold est parti.

Florence : je vois que vous ne vous êtes pas rencontrés au bon moment.

Priya : je dirai ça, oui. Comment vous le connaissez ?

Florence : ça va faire au moins deux ans qu'il vit ici.

Priya : ah ! Et je ne l'ai jamais rencontré avant.

Florence : Arrold est très occupé et toi aussi d'ailleurs. En plis, il ne rentre que très tard la nuit.

Priya : et il est mécanicien ?

Florence : disons qu'il fait un peu de tout.

Laura : maman, je suis prête. Bonjour Florence.

Florence : bonjour beauté. Tu sais que tu es tellement jolie ? Tout comme ta maman.

Laura : dans ce cas, je tiens ma beauté de ma mère.

Priya : bon, nous devons partir maintenant. Au revoir Florence et à ce soir.

Florence a souri et elles sont parties.

8

Rachelle : dis Rihana, tu crois vraiment que la maître Arrold a déjà une femme dans sa vie ?

Rihana : je n'en ai aucune idée Rachelle. Arrold n'est pas très bavard concernant sa vie privée. Pourquoi ? Il t'intéresse c'est ça ?

Rachelle : il n'est pas mal et il est chou à croquer et il est très bien bâti. Quelle femme ne s'intéresserait pas à un tel spécimen.

Rihana : tu veux connaître un peu plus sur lui, dans ce cas, va en parler à Lucas. C'est le meilleur ami d'Arrold, c'est son coéquipier et aussi son bras droit.

Rachelle : tu ne trouverais pas bizarre que j'aille parler de ça à Lucas ?! En plus, j'ai l'impression qu'il ne m'apprécie pas vraiment.

Rihana : qui, Lucas ? Mais non voyons. Lucas est très amical et très sociable. En plus, dès qu'il a l'occasion, il ne fait que parler de toi.

Rachelle : ah bon ?! J'espère que ce n'est pas en mal.

Rihana : mais pas du tout.

Rachelle : parce que tu es son amie et c'est facile pour toi de dire ça. Ce n'est pas du tout l'impression qu'il donne les fois où on est tous réunis.

De l'autre côté, Priya a montré la tablette à Eric.

Eric : qu'est – ce – qu'elle a ?

Priya : elle l'a utilisée ce matin et tout d'un coup elle s'est éteinte et ne voulait plus démarrer. Tu crois qu'elle est cassée ?

Eric : je ne crois pas. Mais il est préférable que tu l'emmènes voir les informaticiens de BYD. Ce sont eux qui peuvent régler ça.

Priya : je dois me rendre dans ce gratte-ciel ?

Eric : et oui ma chère Priya.

Priya : espérons seulement que ma voiture acceptera de m'emmener aussi loin.

Eric : ta voiture est déjà vieille Priya.

Priya : je sais ; et tu n'es pas la première personne à me le dire. Mais je n'ai pas encore les moyens pour en acheter.

Eric : oui, je sais.

Priya : bon, je vais la ranger avant qu'elle ne casse davantage. J'irai chez BYD ce soir en rentrant.

Eric : d'accord. Tu peux toujours demander de rentrer un peu plus tôt à Clarita.

Priya : je doute qu'avec tous les retards que j'aie elle n'accepte de m'accorder encore ça.

Eric : si ça concerne Laura, elle n'hésiterait pas à te l'accorder.

Priya : espérons.

Le soir en rentrant, Priya est allée chercher Laura à l'école et après, elles sont allées ensemble chez Bayard Technology. Une fois arrivées, Priya a demandé au sécurité de veiller sur Laura pendant qu'elle est allée demander où peut-elle trouver un informaticien.

Juana : ils sont encore tous occupés pour l'instant, madame. Mais je vais voir si monsieur Bayard en personne pourrait vous aider.

Priya : d'accord ; merci beaucoup mademoiselle.

Et l'employée a appelé le bureau d'Arrold. Ce dernier a accepté de rencontrer sa cliente.

Juana : venez avec moi madame.

Juana a emmené Priya au bureau Bayard.

Juana : excusez-moi, monsieur…La cliente est là.

Arrold : merci beaucoup Juana.

Priya a été très surprise de voir la personne devant elle.

Arrold : Priya…Apparemment, nos destins sont liés et nos chemins sont destinés à toujours se croiser.

Priya : vous…vous êtes monsieur Bayard ? Le propriétaire de cette compagnie ?

Arrold : vous êtes surprise à ce que je vois.

Priya : je ne m'attendais pas à ce que ce soit vous. Je comprends maintenant pourquoi Florence me disait que faisiez un peu tout.

Harold : ah ! Florence vous a vraiment dit cela ?

Priya : oui.

Arrold : entre vous et moi, c'est juste Arrold et Priya ; ça vous va ?

Priya n'a rien dit.

Arrold : alors, que puis-je faire pour vous ? Oh, asseyez-vous, s'il vous plaît.

Priya : merci. En fait, cette tabl…

Arrold : je la reconnais. C'est monsieur Mickael qui l'a achetée. Il m'a dit que c'est un cadeau pour sa fille. Je suppose alors que vous êtes sa femme ?

Priya : non. En effet, elle est à ma fille Laura mais je ne suis pas la femme de Mike. Il est juste le père de Laura.

Arrold : ah ! je suis désolé de mon indiscrétion. Alors, qu'est – ce – qu'elle a la tablette ?

Et Priya lui a expliqué le problème.

Arrold : avez-vous lu son guide d'utilisation ?

Priya : euh…Je ne crois pas que Laura ait prêté attention à ce petit livre.

Arrold : d'accord, je comprends. Eh bien, dans ce guide, il est noté qu'avant son utilisation, pour la première fois, la tablette doit être chargée pendant 8h. Cela donnera à sa batterie une meilleure performance. Ensuite, elle ne peut être utilisée que pendant 2h de temps pendant une journée. Passé ce délai, elle s'éteindra automatiquement et ne se redémarrera que le lendemain. Ça éviterait à ses utilisateurs tout effet secondaire. Et pour terminer, dites à votre fille que si elle veut verrouiller sa tablette, qu'elle utilise un code ou une image qu'elle pourra retenir facilement car si jamais elle l'oubli, elle n'a que trois tentatives ; et pour la 4ème tentative, la tablette ne fonctionnera plus et ne pourra être débloquée que par les techniciens de Bayard Technology ; alors que d'habitude, ils sont toujours occupés. Si vous respectez ces trois petites règles, votre tablette sera votre meilleure compagnie.

Priya : merci beaucoup. Donc si je comprends bien, Laura ne pourra l'utiliser que demain.

Arrold : exact. Mais puisque vous ne l'avez pas chargée dès le début, je vais vous la remplacer.

Priya : ah non, ce ne sera pas la peine. Laura fera avec.

Arrold : considérez ceci comme un cadeau pour que vous restiez fidèles à Bayard Technology. Et si jamais vous déciderez un jour d'acheter des appareils comme ceci, choisissez toujours la marque BYD. Tenez, acceptez je vous prie.

Priya : encore merci beaucoup M^{eur} Bayard.

Arrold : Priya, seulement Harold j'ai dit.

Priya : comme vous voudrez. Bon, je dois partir maintenant. Passez une bonne soirée.

Arrold : merci et vous aussi.

Et Priya est partie. En arrivant dans le hall, elle a remercié l'agent de sécurité d'avoir gardé Laura.

Laura : alors maman, quel était le problème ?

Priya : je t'expliquerai tout une fois qu'on sera à la maison.

Laura : d'accord. J'ai hâte de savoir ce qui ne fonctionnait pas.

Et elles sont rentées.

Une fois qu'elles sont arrivées à leur appartement, Priya a expliqué brièvement à Laura le mode d'utilisation de la tablette.

Priya : oh, seulement 2h.

Priya : et oui ma chère Laura.

Laura : maman, j'adore la marque BYD.

Priya a souri.

Priya : maintenant, va faire tes devoirs.

Laura : tout de suite. Au fait, papa n'a toujours pas appelé ?

Priya : non. Je suppose qu'il est dans l'avion.

Laura : d'accord. Quand il appellera, tu me fais signe ?

Priya : naturellement.

Et Laura est partie.

9

Mireille : alors, ma fille s'est amusée à l'école ?

Steffi : c e n'étais que mon premier jour maman.

Mireille : oui, mais tout se définit dès le premier jour. Tu crois que tu pourras t'intégrer ?

Steffi : je ne sais pas encore. Mais en tout cas, s'ils veulent m'embêter, je ne me laisserai pas faire.

Mireille : tu es bagarreuse à ce que je vois.

Steffi : si on me cherche, on me trouvera et je ne me ferai pas prier.

Mireille : ah Steffi, qu'est – ce – que je ferai sans toi…

Steffi : tu resteras avec papa.

Steffi a rigolé.

Steffi : bon, je vais dans ma chambre faire mes devoirs maintenant.

Mireille : d'accord. Mais si tu as besoin d'aide, n'hésite pas à m'appeler.

Steffi : je me débrouillerai comme je l'ai toujours fait.

Mireille : comme tu voudras alors.

Et Steffi est partie.

Samedi prochain, c'est le jour de la piscine. Priya a eu un jour de congé et elle a pu assister aux entrainements de Laura. Cette dernière était très contente.

Laura : je te présenterai à notre maître-nageur. Il est très gentil et aussi très beau ; tout à fait ton genre maman…

Priya : Laura…Allons-y maintenant si non tu vas encore être en retard.

Laura : je suis déjà prête tu sais.

Quelques temps après, elles sont arrivées. Laura a tout de suite rejoint les autres tandis que Priya est restée discuter un peu avec Lucas.

Lucas : je suis heureux que tu sois venue.

Priya : ah oui ?! Je ne pensais pas que je serai attendue.

Lucas : ce n'est pas vraiment que tu es attendue mais on voulait seulement que tu viennes.

Priya : et elle est où Rihana ?

Lucas : sans doute en retard.

Priya : ah ! Dans quelle équipe est Laura ?

Lucas : celle des petites filles d'Harold. Regarde, elles sont là-bas.

Et Priya s'est retournée dans la direction que Lucas lui a indiquée. Et encore une fois, elle a été surprise de voir le maître dont Laura n'arrêtait pas de lui parler. En plus, ce dernier venait dans leur direction avec Laura.

Laura : maman, maman, c'est lui le maître dont je t'ai parlé…C'est le maître Harold.

Priya : bonjour monsieur Bayard.

Arrold : Priya…

Laura : quoi…Vous êtes monsieur Bayard ?

Arrold : oui ma chère Laura.

Laura : et ma mère et vous, vous vous connaissez déjà ?

Arrold : eh oui ! Je comprends maintenant la ressemblance…Laura est votre fille.

Priya : oui. La tablette que j'ai emmenée chez vous était à elle.

Laura : dans ce cas, je vous remercie d'avoir remplacé ma tablette monsieur Bayard.

Arrold : Laura, ne m'appelle pas comme ça.

Laura : d'accord.

Arrold : Lucas, tu peux emmener Laura rejoindre ses camarades ?

Lucas : allons-y Laura.

Quand ils sont partis…

Priya : alors vous me surprenez toujours. Baby-sitter ; mécanicien ; concepteur technologique ; chef d'une grande compagnie et aujourd'hui j'apprends que vous êtes maître-nageur.

Arrold a souri.

Priya : et je suppose que ce n'est pas encore tout.

Arrold : non, je vous assure que c'est tout.

Priya : en tout cas, je m'en réserve. Puis-je m'asseoir sur le gradin ?

Arrold : mais bien sûr.

Et Priya est partie s'asseoir.

Peu après, Rachelle est arrivée et a tout de suite sauté dans les bras d'Arrold. Celui-ci était un peu surpris mais il a souri quand même.

Arrold : je vis que tu es en pleine forme Rachelle.

Rachelle : toujours. Et elle est où ta nièce ?

Arrold : elle n'est pas encore arrivée ; mais je suis sûr qu'elle ne va plus tarder.

A ce ton, Steffi est arrivée avec son père.

Arrold : ravi que tu sois là Steffi. Bonjour Alberto.

Alberto : bonjour. Je ne savais pas que tu faisais partie du gymnase.

Arrold : maintenant, tu le sais. Bon, Steffi, va te changer dans les vestiaires vite et rejoins les autres.

Steffi : tout de suite. Au revoir papa.

Alberto : au revoir ma chérie.

Steffi : c'est Priya là-bas, sur le gradin tonton ?

Arrold : oui oui, c'est bien elle.

Steffi : je peux aller la saluer ?

Arrold : vas-y mais ne tarde pas trop.

Steffi : entendu.

Steffi a fait la biz à son père et après, elle est partie.

Rachelle : Arrold connaît Priya ? !

Arrold : oui. On s'est rencontré un peu violemment mais je suppose qu'on s'entendra bien au fil du temps. Bon, allons rejoindre les enfants maintenant. Au revoir Alberto.

Alberto : au revoir.

10

Steffi : salut Priya.

Priya : Steffi ? ! Salut. Comment vas-tu ?

Steffi : je vais très bien. Que fais-tu ici ?

Priya : je suis venue vous assister. Il y a ma fille qui est dans la même équipe que toi.

Steffi : ah oui ? Et elle est où ta fille.

Et Priya lui a montré Laura des mains.

Steffi : hey, mais je la connais. Elle est dans la même classe que moi.

Priya : et vous êtes amies ?

Steffi : non, pas encore. Je n'ai encore aucune copine à l'école.

Priya : mais ça fait déjà une semaine.

Steffi : je sais. Mais je ne connais personne.

Priya : maintenant que tu connais Laura, essaie donc de lui parler.

Steffi : pas mal comme idée. Comme ça, la mère et la fille sont toutes les deux mes amies. Bon, je dois aller me changer maintenant. A plus.

Priya : à tout à l'heure.

Et Steffi est allée se changer vite dans les vestiaires et après, elle a rejoint les autres filles.

Arrold : allez les filles, quelques minutes d'échauffement et après, tout le monde à l'eau. Aujourd'hui, nous allons apprendre à comment tenir l'équilibre dans l'eau.

Pendant l'échauffement,…

Steffi : bonjour Laura.

Laura : Steffi, c'est ça ?

Steffi : oui. On est dans la même classe.

Laura : je t'ai déjà remarqué dès ton premier jour. Mais je pensais que tu ne voulais pas être amie avec les autres. Tu es très silencieuse à l'école.

Steffi : oui ; mais je veux avoir des amis. Sauf que je ne sais pas comment m'y prendre.

Laura : tu es nouvelle et je comprends ta crainte. Ça te dirait qu'on devienne amies dans ce cas ?

Steffi : mais avec plaisir Laura. Je serai très heureuse. En plus, je connais ta mère ; elle est une amie de mon oncle Arrold.

Laura : le maître est ton oncle ?

Steffi : oui.

Arrold : Steffi, Laura, concentrez-vous s'il vous plaît.

Une heure plus tard, c'est l'heure de la pause : une petite pause de 30 minutes avant de continuer.

Arrold a voulu rejoindre Priya sur le gradin, mais Rachelle l'a interpellé.

Arrold : alors tu t'en sors avec les petits gars… ?

Rachelle : très bien. En plus, ils sont très actifs. Je crois que je n'aurai aucun mal à les initier. Et de ton côté ?

Arrold : pas mal non plus.

Arrold ne cesse de jeter un coup d'œil dans la direction de Priya. Rachelle a remarqué cela.

Rachelle : au fait, je ne savais pas que tu connaissais Priya.

Arrold : oh, moi non plus je ne savais pas que tu la connaissais.

Rachelle : j'ai toujours vécu dans le monde du sport alors je connais Priya. Elle faisait la une des magazines de sport il y a quelques années.

Arrold : ah oui ?! Et elle faisait quoi ?

Rachelle : du tennis. Elle était la championne de New-Jersey et s'apprêtait à concourir auprès des autres pour le championnat d'Amérique, quand elle a décidé d'abandonner. Je crois que c'est parce qu'elle a su qu'elle était enceinte de Laura.

Arrold : et elle n'a plus continué après ?

Rachelle : non, je n'ai plus eu de ses nouvelles.

Arrold : elle est une femme courageuse.

Rachelle : je l'admets, oui. Et je suis sûre que son mari est heureux de l'avoir à ses côtés.

Arrold : le mari de Priya ?

Rachelle : oui.

Arrold : Priya n'est pas mariée à ce que je sache.

Rachelle : ah oui ? ! Qui t'a dit ça ?

Arrold : c'est elle. Il y a eu un moment où on a parlé de ça.

Rachelle : vous êtes aussi proches que ça ?!

Arrold : pas vraiment mais bon, on s'entend bien.

Rachelle : ah…

Quelques heures plus tard, la classe est terminée.

Steffi : Laura ?!...

Laura : oui Steffi ?

Steffi : amies… ?!

Steffi a tendu sa main droite et Laura a posé la sienne dedans en souriant.

Laura : c'est d'accord. Meilleures amies pour la vie.

Steffi : meilleures amis pour la vie.

Et elles se sont prises dans les bras. Priya les a rejointes.

Priya : salut les filles. Je vois que vous avez connaissance.

Laura : on est meilleures amies maman.

Priya : ah, je suis contente pour vous deux alors.

Arrold : Laura, je te félicite, tu as bien progressé aujourd'hui.

Laura : merci beaucoup maître.

Steffi : et si on allait manger des glaces tous les quatre ?

Rachelle les a vus et elle a voulu les rejoindre mais finalement, elle a décidé de partir de son côté.

Laura : oui, s'il te plaît maman.

Arrold : et c'est en quel honneur ?

Steffi : est – ce – qu'on toujours besoin de fêter quelque chose pour manger des glaces ?

Arrold : non.

Steffi : mais aujourd'hui, nous allons fêter notre nouvelle amitié Laura et moi.

Arrold : ah ; félicitation les filles.

Steffi & Laura : merci !!!

Arrold : qu'en pensez-vous Priya ?

Priya : je trouve que c'est une bonne idée.

Laura : youpi… !!!

Arrold : ça ne vous dérange pas de les emmener Priya ? Je dois encore régler quelque chose au bureau et je vous rejoindrai plus tard.

Priya : aucun problème.

Arrold : je vous dépose et je file vite au bureau.

Steffi : tu ne tardes pas, hein ?

Arrold : je promets. Allons-y maintenant.

Et ils sont partis. Harold les a déposées et il est parti.

Arrold : un gala ?

Lucas : oui, comme tous les ans.

Arrold : mais d'habitude, c'est organisé chaque début de l'Eté. Pourquoi avoir précipité les choses ?

Juana : oui mais cette fois, le début de l'Eté sera pris par un autre évènement.

Arrold : quel évènement ? Mais pourquoi je ne suis au courant de rien ?

Georges : l'inauguration de l'hôpital que Bayard Technology a financé. Et nous aussi nous n'étions pas au courant. Nous venons juste de recevoir le planning de cette année il y a deux jours.

Arrold : mais le gala sera à peine dans une semaine.

Lucas : on est au courant ; et tu vas devoir trouver une cavalière.

Arrold : j'en trouverai.

Lucas : qui ? Rachelle ?

Arrold : non, pas Rachelle.

Lucas : qui alors ?

Arrold : je n'en sais rien en plus, ça ne te regarde pas Lucas.

Lucas : je comprends.

Arrold : bon, je dois partir maintenant. Il y a encore Priya et les filles qui m'attendent.

Lucas : Priya ?

Arrold : oui.

Lucas : amusez-vous alors.

Et Arrold est parti. Peu après, il est arrivé à la pâtisserie où il a déposé Priya et les filles.

Priya : on a commencé sans vous.

Steffi : nous avons commandé une avalanche tonton.

Arrold : quoi ? ! Je suis sûr que c'était encore ton idée Steffi.

Quand la propriétaire de la glacerie a vu Harold, elle s'est approchée en souriant.

Lisette : M^{eur} Bayard…Je ne savais pas qu'elles étaient avec vous ; sinon je les aurais choisi une meilleure place.

Arrold : non ce n'est pas grave ; on est bien ici.

Lisette : vous avez besoin d'autre chose ? Vos filles ont peut-être…

Steffi : apportez une autre cuillère s'il vous plaît.

Lisette : tout de suite.

Et Lisette a fait apporter une autre cuillère.

Arrold : merci beaucoup.

Lisette : vous formez vraiment une jolie petite famille.

Priya : oh, on n'est p…

Arrold : ah oui ?!

Lisette : oui. Je suis sûre que beaucoup de personnes vous envient. Surtout les petites qui vont à l'école. Je suis certaine que vos camarades de classe sont jalouses de vous. En revenant de l'école, n'hésitez surtout pas à venir de temps en temps chez Lisette.

Steffi : pas mal comme idée.

Harold : pourquoi pas ? N'est-ce pas une bonne idée pour les filles Priya ?

Priya : Harold, je ne crois pas que ce soit vraiment une bonne idée. Et Laura, n'insiste pas.

Laura : bien sûr que je vais insister maman. Tu ne me laisses jamais manger des glaces à part quand on est avec papa.

Lisette : faites-les plaisir Mme Bayard.

Priya : je ne suis…

Arrold : nous allons accepter Lisette. Et si on fixait un emploi du temps ?

Lisette : parfait.

Priya : juste une fois.

Arrold : une fois par semaine.

Steffi : d'accord.

Laura : tous les Vendredi en rentrant de l'école.

Priya : Laura…

Arrold : très bien. Notez ça Lisette.

Lisette : tout de suite.

Et Lisette a noté. Priya fusillait Arrold du regard.

Lisette : bon, je vous laisse déguster votre avalanche. Bon appétit.

Priya : merci.

Et Lisette est partie.

Arrold : oufff…enfin, elle est partie.

Priya : vous et moi, il faut absolument qu'on en parle.

Laura : quand maman parle sur ce ton, ce n'est jamais quelque chose de bon.

Arrold : espérons qu'avec moi, ce ne sera pas le cas.

Arrold a regardé Priya en souriant.

Après avoir terminé leur glace, ils sont rentrés. Laura et Steffi sont parties devant tandis que Priya et Arrold sont restés dans le garage discuter.

Priya : cette histoire de glace ne m'enchante pas du tout.

Arrold : j'ai remarqué ça oui. Où est le problème Priya. Laura ne peut pas manger de glace ? Elle est malade ?

Priya : non. Mais le fait que vous avez décidé de garder un emploi du temps. En plus, Laura et Steffi ne rentrent pas au même endroit.

Arrold : ah, je comprends. C'était juste pour leur faire plaisir. Et si ce n'est que pour le transport, ne vous inquiétez pas. Je m'occupe de ça.

Priya : Arrold, non. Ne faites pas ça s'il vous plaît.

Arrold : Steffi s'est fait une amie alors ne dites pas non. En plus, à partir de la semaine prochaine, Steffi aura un chauffeur de ma part. Laura pourra venir avec elle. De toute façon, Sam rentrera toujours ici après avoir déposé Steffi chez elle. Ça leur permettra de rester tout le temps ensemble Priya. Ne jouez pas la mère difficile.

Priya : je ne suis pas difficile. Vous avez déjà beaucoup fait pour Laura alors je ne voudrai pas vous déranger encore plus.

Arrold : mais je vous ai dit que ça ne me dérange pas. Au contraire, ça me fait plaisir. Alors, vous êtes d'accord avec le chauffeur ?

Priya : d'accord, mais je paierai la moitié de son salaire.

Arrold : ce ne sera pas la peine. Vous en aurez plus besoin que Sam.

Priya : vous ne savez vraiment plus comment dépenser votre argent Arrold.

Arrold a haussé les épaules.

Priya : en tout cas, merci beaucoup. Je ne saurai pas comment vous rendre ça.

Arrold : je sais.

Priya : comment ?

Arrold : il y aura un gala la semaine prochaine et je n'ai pas de cavalière.

Priya : et alors ?

Arrold : je vous invite à être ma cavalière.

Priya : c'est hors de question. Trouvez autre chose. Bon, je vous laisse maintenant.

Et Priya est partie.

Arrold : cette femme me plaît beaucoup.

Vers le milieu de la nuit, quelqu'un a frappé à la porte de la suit de Priya. Elle était un peu surprise mais elle a fini par ouvrir quand elle a su qui c'était.

Priya : Rihana ?! Mais…

Rihana : lasse-moi entrer d'abord.

Priya : oh ! Oui. Entre.

Et Rihana est entrée.

Rihana : je suis vraiment désolée de vous déranger à une heure aussi tardive mais il fallait que je quitte mon appartement.

Priya : je ne veux pas jouer les indiscrètes mais ça me surprend de te voir ici que je suis obligée de te demander ce qui se passe.

Rihana : c'est Kyle. C'est définitivement terminé entre nous.

Priya : comment ça ?

Rihana : je t'expliquerai tout demain mais il faut que je dorme maintenant. Je dormirai sur le canapé, ce n'est pas grave.

Priya : non, ce n'est pas la peine. Nous avons une chambre de libre ici et tu pourras t'y installer.

Rihana : merci beaucoup.

Priya : je t'en prie. Installe-toi à ta guise. Bonne nuit.

Rihana : bonne nuit Pri…

Et Priya a rejoint sa chambre.

12

Le matin, quand Laura s'est réveillée pour aller regarder la télé, elle est surprise de voir la valise dans la salle de séjour.

Laura : maman, tu vas partir en voyage ?

Priya : non.

Laura : à qui est cette valise alors ?

Rihana : elle est à moi, Laura.

Laura : ah ! Bonjour Rihana.

Rihana : bonjour. Comment vas-tu ?

Laura : très bien.

Rihana : je vais m'installer ici pendant quelques temps ; ça ne te dérange pas j'espère.

Laura : pas du tout. Au contraire, ça me fait plaisir que maman ait une amie avec elle.

Priya : Laura, tu nous laisse seules un moment ?

Laura : d'accord maman.

Et Laura est partie.

Rihana : cette enfant est un amour. Tu as de la chance de l'avoir.

Priya : je ne dirai pas le contraire. Elle est la raison de ma joie. Bon, tu me racontes ce qui s'est passé avec Kyle maintenant.

Rihana : curieuse Priya.

Priya : bein quoi ? Tu débarques chez moi à minuit avec une valise en me disant que c'est fini avec ton petit-ami. Ça pique ma curiosité.

Rihana : d'accord ; tu as gagné. Je vais te le dire. Hier, en rentrant, j'ai vu Kyle avec une femme ; ils discutaient et ils avaient l'air de bien se marrer.

Priya : et alors ? ça ne signifie rien du tout.

Rihana : laisse-moi terminer d'abord.

Priya : d'accord.

Rihana : je n'ai porté aucune attention jusqu'à ce que je les ai vus sortir du café en se tenant par les mains et avant de se quitter, Kyle a embrassé la fille. Quand Kyle est rentré, il est allé prendre une douche, son téléphone a eu un message et je l'ai lu. C'était une certaine Roxette et elle disait qu'elle a hâte d'être à ce soir. J'ai continué a fouillé son téléphone et j'ai vu des photos de cette femme nue et à moitié nue dans sa galerie. Tu veux que je pense quoi ?

Priya : je ne pensais pas que Kyle serait ce genre d'homme.

Rihana : j'avoue qu'il est meilleur au lit mais ce n'est pas ça qui me fera rester avec lui. Il voulait jouer le victime après et il a dit qu'il était désolé et qu'il n'y a que moi qu'il aime et puis je ne sais pas quoi d'autre.

Priya : tu as bien de le quitter dans ce cas. Je suis désolée d'apprendre ça. Vous sembliez vraiment amoureux et je pensais que cette fois, il serait le bon pour toi.

Rihana : j'en ai marre des hommes, Priya. Sauf un seul…Mais dommage qu'il ait un œil sur une autre.

Priya : ah oui ? ! Et je peux savoir de qui il s'agit ?

Rihana : d'Arrold. Il est séduisant et les femmes se mettraient à ses pieds mais il n'est pas le genre à jouer avec les femmes.

Priya : et pourquoi dans ce cas tu ne tentes pas ta chance avec lui ? Je suis sûre que Kyle serait fou de jalousie si tu venais à sortir avec Arrold Bayard.

Rihana : mais tu es sourdes ou quoi ? Je t'ai dit qu'on est seulement que des collègues et qu'il est intéressé par une autre. En plus, il n'est pas vraiment mon genre malgré son charisme.

Priya : ah ! Tu parles toi.

Rihana : c'est toi qui es bête en ne remarquant rien de ses gestes Priya.

Priya : de quoi tu parles ?

Rihana : tu fais exprès de fermer les yeux c'est ça ? Tu ne vois pas comment il te regarde en te parlant ?

Priya était surprise.

Priya : tu n'es pas sérieuse Rihana.

Rihana : bien sûre que je le suis. Ça saute aux yeux que tu lui plais.

Priya : arrête donc de dire des conneries Rihana. On se connait à peine et on passe la majorité de notre temps à se disputer.

Rihana : c'est ce qu'on appelle le coup de foudre ma chère.

Priya : n'importe quoi. Bon, arrêtons avec ces bêtises maintenant et préparons le petit-déjeuner.

Rihana : au fait, puisque j'ai l'intention de rester ici pendant une durée indéterminée, je vais t'aider à payer le loyer.

Priya : non, ce ne sera pas la peine.

Rihana : j'insiste. Je me sentirai mal à l'aise si non.

Priya : comme tu voudras.

Rihana : bon, je vais mettre le couvert maintenant.

De son côté, Steffi a appelé Laura et lui a invité à passer la journée avec elle. Laura a accepté avec plaisir. Arrold a même invité Priya a venir déjeuner avec eux.

Laura : allez, s'il te plaît maman.

Priya : et je fais quoi avec Rihana ?

Rihana : oh, ne t'inquiète surtout pas pour moi Priya. De toute façon, je dois encore retourner à l'appartement chercher quelques trucs que j'ai oubliés.

Laura : tu vois ?

Rihana : je suis ici chez moi, non ?

Laura : tout à fait.

Rihana : amuse-toi un peu Priya.

Priya : c'est d'accord.

Rihana : bon, il faut que j'aille maintenant. A ce soir les filles.

Priya : d'accord.

Quelques minutes après le départ de Rihana, Priya et Laura sont parties elles aussi. Arrold était content que Priya ait accepté de venir.

Arrold : soyez les bienvenues chez moi.

Priya : merci. J'avoue que votre appartement est joli.

Arrold : il y a une femme de ménage qui vient ici tous les deux jours. En plus, je suis tout seul et je passe la majorité de mon temps au bureau alors, il n'y a pas grand-chose à ranger ici. Sauf quand Steffi vienne chaque week-end.

Priya : ah !

Arrold : ne soyez surtout pas mal à l'aise. Faites comme chez vous.

Laura : j'en ai bien l'intention.

Steffi : Priya, tu peux aider mon oncle à faire la cuisine ?

Arrold : non, ce ne sera pas la peine Priya ; je me débrouillerai comme toujours.

Steffi : comme tu voudras. Ne viens pas dire ensuite que je n'ai rien fait pour t'aider.

Priya : pourquoi tu dis ça Steffi ?

Steffi : Arrold est complètement nul en cuisine. Il voulait seulement te voir et c'est pour ça qu'il a tant insisté à ce que tu viennes avec Laura.

Priya ne savait pas quoi dire. Et Arrold était embarrassé.

Arrold : Steffi, va jouer ailleurs.

Steffi : allons-y Laura.

Laura : amusez-vous bien.

Et les filles sont parties.

Arrold : ne faites pas attention à ce que dit Steffi. Elle se venge car je n'ai pas voulu sortir avec elle aujourd'hui.

Priya : elle sait bien vous taquiner alors.

Arrold : avez-vous réfléchi à ma proposition d'hier Priya ?

Priya : quelle proposition ? Ah ! Je m'en souviens. Je vous ai déjà dit non à ce qui paraît.

Arrold : c'est parce que je n'ai personne.

Priya : pourquoi ne pas emmener votre petite-amie ? Je suis sûre qu'elle sera heureuse de venir avec vous.

Arrold a ri.

Priya : pourquoi vous riez ? Ai-je dit quelque chose de drôle ?

Arrold : non ; c'est juste que je n'ai pas de petite-amie.

Priya : ah d'accord.

Arrold : alors vous acceptez ?

Priya : n'insistez pas, c'est non Arrold.

Arrold : bon, je vais commencer à préparer notre déjeuner alors.

Et Arrold s'est dirigé dans la cuisine.

Arrold : qu'est – ce – que je pourrai bine cuisiner ? Steffi m'a vraiment mis dans l'embarras.

Arrold a pris une casserole mais celle-ci est tombée.

Priya : ça va M^{eur} Bayard ?

Arrold : je m'en sors ; ne vous inquiétez pas.

De son côté, Priya a regardé quelques manuels posés sur la table. En se rendant compte qu'Arrold ne faisait plus de bruit, Priya a eu l'idée d'aller voir.

Priya : tout va bien j'espère…

Arrold était surpris.

Arrold : j'essaie de cuisiner.

Priya : vous essayez ? ! Vous ne savez pas cuisiner, c'est ça ?

Arrold : Steffi m'a complètement mis dans l'embarras avec cette histoire de cuisine. Je lui ai dit d'aller au restaurant mais elle a insisté à ce que je cuisine.

Priya rigolait en voyant Arrold dans cet état.

Arrold : je suis vraiment désolé Priya. Vous êtes censée être notre invitée et voilà que vous voyez mon problème avec la cuisine.

Priya : ce n'est pas grave. Nous allons arranger ça.

Arrold : comment ?

Priya : je vais vous aider à cuisiner.

Arrold : non, c'est hors de question. Vous êtes une invitée et la seule chose que vous devriez faire, c'est de manger.

Priya : mais puisque monsieur ne connaît pas cuisiner alors qu'est – ce – que l'invitée va pouvoir manger ?

Arrold : oh ! Vous avez raison.

Priya : dans ce cas, laissez-moi vous aider.

Arrold : comme vous voudrez.

Et Priya a pris la relève. Arrold était son assistant.

De l'autre côté, Laura et Steffi sont en train de se marrer en voyant Priya et Arrold dans la cuisine.

Arrold : ne ris pas Steffi ; c'est de ta faute si Priya est obligée de cuisiner maintenant.

Steffi : c'est mignon de te voir dans la cuisine tonton ; en plus, avec une blouse de cuisine.

Priya : et si vous veniez nous aider au lieu de vous moquer de nous comme ça. Allez, venez toutes les deux.

Laura : je t'avais dit Steffi ; on aurait mieux fait de rester jouer dans ta chambre.

Steffi : t'avais raison en fin de compte.

Et tous les quatre se sont relayés pour faire le travail ensemble.

Quelques heures plus tard, ils se sont mis à table.

Arrold : mmm…ça sent tellement bon.

Laura : amman est une excellente cuisinière, maître. Elle n'a seulement pas le temps et on passe notre temps à manger à l'extérieur.

Arrold : Laura, appelle-moi Arrold seulement.

Laura : mais…

Arrold : s'il te plaît.

Laura : comme vous voudrez alors.

Arrold : j'ai l'eau à la bouche à force d'entendre ces bonnes odeurs.

Priya : dans ce cas, mangeons.

Steffi : bon appétit tout le monde…

Ils ont aussi passé l'après-midi ensemble à regarder des films. Priya et Laura ont voulu rentrer le soir mais Steffi voulait qu'elles accompagnent Arrold à la ramener chez elle.

Steffi : j'ai passé une superbe journée. Merci à Priya et Laura d'être venues.

Priya : contente que tu es heureuse.

Steffi : tonton, je t'avais bien dit que ça nous ferait du bien que tu te fasses des amis.

Arrold : j'avoue que tu avais raison sur ce point.

Steffi : et c'était aussi une bonne idée d'avoir invité Priya et Laura.

Laura : tu n'as pas de frère et sœur, Steffi ?

Steffi : non ; tu crois que pourquoi je passe tout mon week-end chez mon oncle.

Laura : comme moi. On a bien fait de devenir amie alors.

Steffi : on sera les meilleures amies du monde. D'ailleurs, tonton et Priya devraient aussi devenir des bons amis.

Laura : oui ; Steffi a raison.

Arrold : on est déjà des amis. N'est – ce pas Priya ?

Priya n'a rien dit. Elle a seulement souri.

Arrold : ça y est, tu es arrivée Steffi.

Steffi : merci.

Arrold : je t'accompagne jusqu'à votre palace. Voulez-vous bien attendre ici ?

Priya : bien sûr. Au revoir Steffi.

Steffi : au revoir. On se voit à l'école demain Laura.

Laura : effectivement.

Et Arrold et Steffi sont partis.

Laura : Arrold a l'air d'être très gentil maman. Tu ne trouves pas ?

Priya : oui, il l'est.

Laura a souri.

Priya : qu'est – ce – qu'il y a ? Pourquoi tu souri bêtement comme ça ?

Laura : pour rien.

13

Mireille : tu es accompagné dis donc.

Arrold : et toi, tu n'arrêtes pas de m'espionner à ce que je vois.

Mireille : je suis seulement contente que tu te fasses des amis à part Lucas. Et c'est qui ?

Arrold : elle s'appelle Priya Mahal. Elle est ma voisine mais on ne s'est jamais rencontré apparemment.

Mireille : ah ! Et comment vous êtes-vous rencontrés dans ce cas ?

Arrold : comme elle l'a dit, j'ai failli l'écraser.

Mireille : ohhh…intéressant comme rencontre. Tu ne trouves pas ?

Arrold : c'est bon, il n'y a rien entre nous.

Mireille : mais ça ne serait plus pour très longtemps.

Arrold : on vient à peine de se rencontrer alors je doute beaucoup qu'elle penserait à autre chose à part l'amitié.

Mireille : il suffit juste que tu sois gentil avec elle. Tu vois, nous les femmes nous ne sommes pas compliquées comme vous le dites. Il nous suffit juste un peu d'attention.

Arrold : toi alors. Bon, je dois partir maintenant. Bonne soirée.

Mireille : merci et…vous aussi passez une excellente soirée.

Et Arrold est parti.

Arrold : merci d'avoir patienté.

Priya : je vous en prie. Sauf que Laura s'est endormie.

Arrold : ah ! Dans ce cas, ne la réveillons pas. On rentre ?

Priya : bien sûr. A moins que vous avez encore quelque chose d'autre à faire.

Arrold : rien du tout.

Et Arrold a démarré.

Arrold : sans rajouter mais ce n'est pas seulement Steffi qui a passé une superbe journée.

Priya : dans ce cas, vous n'êtes pas les seuls.

La semaine suivante, Arrold et Priya se voient rarement à cause de leur occupation. Sauf qu''Arrold ne cesse de penser à Priya et du week-end qu'ils ont passé ensemble.

BAYARD TECHNOLOGY :

Lucas : tu penses vraiment à loin mon ami.

Arrold : ah, oui. Je pensais au gala qui approche et je n'ai toujours pas trouvé avec qui je devrai aller.

Lucas : je crois que tu n'as pas le choix que d'inviter Rachelle. Il ne reste plus que deux jours avant le gala.

Arrold : j'irai tout seul s'il le faut mais pas avec Rachelle. Je ne peux déjà pas l'éviter au gymnase alors si je peux encore, je l'éviterai.

Lucas : tu ne l'apprécies pas vraiment à ce que je vois.

Arrold : c'est une fille chouette ; mais elle attend beaucoup trop de ma part.

Lucas : et moi qui croyais que tu ne remarquais pas comment elle te regarde.

Arrold : si j'ai remarqué. Mais je ne regarde pas Rachelle de cette façon ; elle est juste une amie, une collègue de travail plus précisément.

Lucas : c'est parce que tu penses déjà à une autre. N'ai-je pas raison ?

Arrold : ce ne sont pas tes affaires Lucas.

Lucas : mon ami est amoureux…

Arrold : tais-toi et arrête de dire des bêtises.

Lucas : je ne veux rater ça pour rien au monde. Et cette fille a de la chance.

Arrold : va – t –en Lucas. Sors de mon bureau.

Lucas : comme tu voudras patron.

Et Lucas est parti.

Arrold : c'est décidé, il n'y a qu'avec Priya que je peux venir. Je ferai tout mon possible pour qu'elle vienne avec moi. Je n'abandonnerai pas.

Et Arrold est sorti de la compagnie. Il est d'abord allé au penthouse voir si Priya a emmené sa voiture ; il a constaté que non. Alors, il est allé se changer et s'est dirigé vers la librairie Assouline.

Quand il est arrivé, il est entré et Clarita l'a tout de suite reconnu.

Clarita : M[eur] Bayard ? Quel plaisir de vous voir ici.

Arrold : vous avez une belle librairie…

Clarita : Clarita ; appelez-moi Clarita. Que puis-je faire pour vous ?

Arrold : j'ai une amie qui travaille ici et j'aimerai bien l'attendre si ça ne vous dérange pas.

Clarita : ah ! Mais bien sûr que ça ne me dérange pas. Mais puis-je savoir de quelle amie parlez-vous ?

Arrold : de Priya.

Clarita : ah oui ? ! Elle rentre à 19h et c'est elle qui se charge de fermer la librairie. D'ailleurs, elle est aussi en charge d'ouvrir la librairie mais elle est toujours en retard. Et elle dit toujours les mêmes excuses.

Arrold : c'est parce que c'est la vérité.

Clarita : ah oui ? !

Arrold : que pouvez-vous me proposer Clarita en attendant que Priya rentre ?

Clarita : euh…suivez-moi M^{eur} Bayard.

Et Clarita a présenté à Arrold leur meilleure édition.

Arrold : puis-je attendre Priya ici ?

Clarita : sans problème.

Mais à cet instant, Priya est sortie de la salle des livres et a été surprise de voir Arrold.

Priya : Arrold ? Que faites-vous ici ?

Arrold : n'ai-je pas le droit de venir ici et acheter des livres ?

Priya : c'est que je ne vous ai jamais vu ici auparavant.

Arrold : je suis venu ici pour vous demander quelque chose. Mais parlons plutôt autour d'un bon dîner ; c'est moi qui vous invite.

Priya : je n'ai pas encore fini vous savez. J'en ai encore pour une bonne demi-heure.

Arrold : ce n'est pas grave, je vais vous attendre. En plus, Clarita m'a déjà proposé des bon livres.

Priya a regardé Clarita en souriant.

Priya : comme vous voudrez.

Et Priya est partie.

Trente minutes plus tard, Priya a fermé la librairie et ils sont partis.

Arrold : vous voulez manger où ?

Priya : je suppose que l'endroit compte pour vous vu votre classe social.

Arrold : non. Je ne me suis jamais comporté comme tel parce qu'avant de devenir ce que je suis devenu aujourd'hui, je suis aussi passé par le manque. Alors, emmenez-moi à l'endroit où vous avez l'habitude d'y aller. J'aimerai bien découvrir ces endroits.

Priya : comme vous voudrez alors. Allons chez Bernard.

Arrold : celui qui vend des fast-foods dans un car ?

Priya : exact. Ses plats sont délicieux. Je ne m'en lasserai jamais.

Arrold : entendu.

Priya : alors, et si vous commencez à me dire ce que vous avez de si important à me dire ?...

Arrold : eh bien, j'aimerai que vous veniez avec moi Vendredi soir pour le gala dont je vous ai parlé l'autre jour.

Priya : vous n'avez toujours pas trouvé quelqu'un ?

Arrold : non. Vous avez entendu Steffi quand elle a dit que je n'ai pas d'amis.

Priya : et pourquoi n'avez-vous pas invité Rachelle ? Vous avez l'air de bien vous entendre.

Arrold : mais,…je ne veux que vous.

Priya : oh…

Ils sont arrivés. Dès que le propriétaire les a vus, il les a rejoints.

Bernard : bonsoir Priya ; monsieur Bayard…

Priya : bonsoir Bernard. Comment allez-vous ?

Bernard : très bien. Content de vous voir. Laura n'est pas avec vous ?

Priya : non. Cette fois, elle est restée avec Rihana.

Bernard : ah d'accord. Que puis-je faire pour vous ?

Priya : comme d'habitude Bernard et avec un milkshake.

Bernard : et pour M^eur Bayard ? Nous avons des tacos, des hamburgers, des sandwichs…

Arrold : je prendrai la même chose que Melle Mahal mais sans milkshake. Je suis allergique au lactose.

Bernard : ah, c'est dommage alors. Bon, je vais faire vos commandes tout de suite.

Arrold : ce n'est pas la peine de vous précipiter Bernard. Nous ne sommes pas pressés. Ne nous privilégiez pas. On attendra comme tout le monde.

Bernard a souri puis il est parti.

Arrold : il est très serviable.

Priya : c'est le meilleur.

Arrold : alors, revenons à nos moutons maintenant.

Priya : comme vous voudrez.

Arrold : je n'arrêterai pas tant que vous n'accepteriez pas de venir avec moi.

Priya : je ne serai pas à ma place au milieu de tous ces gens Arrold.

Arrold : pourquoi dites-vous cela ?

Priya : je ne suis pas de la même classe sociale qu'eux. Pour vous peut-être, ça ne vous posera pas de problème mais que penseront les autres ? En plus, je n'ai pas l'habitude de venir à ces genres d'évènement.

Arrold : je me fiche bien de ce que peuvent penser les autres. En plus, notre classe sociale est différente, certes, mais je n'ai jamais accordé d'importance à cela. J'essaie toujours d'être comme tout le monde. Et comment ça, vous n'êtes pas habituée à venir à ce genre d'évènement ? Pourtant, à ce que je sache, vous faisiez partie de ces célébrités il y a quelques années.

Priya : ça ferait déjà presque 8 ans. D'autant plus que malgré cela, je ne suis jamais allée à un tel évènement.

Bernard : et voici vos tacos. Bon appétit.

Arrold & Priya : merci beaucoup.

Quand Bernard est parti…

Arrold : ça a l'air délicieux.

Priya : ça l'est. C'est notre endroit préféré à Laura et à moi.

Et Arrold commençait à déguster son tacos ; ça se voyait qu'il se régalait beaucoup.

Arrold : même les repas du meilleur resto n'est pas aussi bon que celui-ci.

Priya : je crois que vous exagérez un peu.

Arrold : mais je suis sérieux.

Priya : contente que ça vous plaise.

Et ils ont continué à discuter.

Peu après, ils sont rentrés ensembles. Avant de se quitter, Arrold a encore une fois demandé à Priya de venir avec lui.

Arrold : je vous en supplie Priya, acceptez mon invitation.

Priya : vous allez vous attirer des ennuis à cause de moi, Arrold. Je préfère rester sous la discrétion.

Arrold : vous ne craignez rien du tout. En plus, vous allez juste m'accompagner et me tenir compagnie. Si jamais quelqu'un essaie de vous rendre mal à l'aise, je ne serai pas loin de vous.

Priya : je persiste à dire que je ne devrai pas y aller.

Arrold : pensez-y.

Priya : je ne vous promets rien du tout. Bon, je vous souhaite une bonne soirée et encore merci pour les tacos.

Arrold : je vous en prie.

Et chacun est parti de son côté.

Rihana : et toi qi disais qu'il n'y a rien entre vous.

Priya : c'est le cas Rihana. Il ne se passe rien du tout entre nous. Il voulait juste me parler de quelque chose.

Rihana : ah ! Et il voulait te parler de quoi ?

Priya : que t'es indiscrète Rihana.

Rihana ce n'est pas pour rien que je suis ton amie. Allez, raconte maintenant.

Priya : il a un gala ce Vendredi et il m'a invité.

Rihana : et je suppose que tu as accepté.

Priya : pas du tout. Je ne veux pas y aller.

Rihana : que t'es bête Priya.

Priya : je ne suis personne alors que là-bas, je suis sûre que ce seront des personnes tirées à quatre épingles. Il sera humilié à cause de moi.

Rihana : est –ce –que par hasard tu t'inquiètes pour lui ?

Priya : je ne voudrai seulement pas que quelqu'un ait des ennuis à cause de moi. Je ne serai jamais à ma place au milieu de tous ces gens.

Rihana : et moi, je pense que tu devrais plutôt y aller. Même si ce n'est que pour s'amuser.

Priya : et pour Laura ?

Rihana : mtsss…Laura n'est plus un bébé voyons. Je pourrai toujours la garder.

Priya : en plus, je n'ai rien à me mettre.

Rihana : ça peut s'arranger. On se débrouillerait.

Priya : je n'ai pas envie de me débrouiller. Et si tu allais à ma place ? C'est vrai qu'entre nous deux, c'est toi qui a besoin de t'amuser et de te changer les idées.

Rihana : mais ce n'est pas moi qu'il a invité.

Priya : je peux m'arranger avec ça si tu acceptes.

Rihana : non ; je ne veux pas y aller. Je préfère rester ici à regarder la télé.

14

VENDREDI :

Priya est allée au travail comme d'habitude. Elle n'a pas pensé une seule seconde entre venir ou pas avec Arrold au gala.

Priya : j'espère qu'il a trouvé quelqu'un pour l'accompagner. En tout cas, ce ne sera pas moi.

Eric : tu es dans les nuages Priya. A quoi tu penses ?

Priya : oh, à rien du tout. Tu as besoin de quelque chose ?

Eric : non. Je voulais seulement te prévenir que quelqu'un t'attend et que Clarita te laisse rentrer un peu plus tôt.

Priya : et qui est là ?

Eric : tu ferais mieux d'aller voir toi-même.

Priya : o…key.

Et Priya est allée voir mais à sa plus grande surprise, Arrold discutait avec Clarita.

Clarita : ah ! Te voilà. Je pensais qu'Eric n'est pas allé te prévenir.

Arrold : Priya doit venir avec moi ce soir Clarita alors si vous permettez, j'aimerai bien l'emmener avec moi dès maintenant. Je paierai si…

Clarita : non, ce ne sera pas la peine M^{eur} Bayard. Priya peut partir.

Priya : où allons-nous ?

Arrold : vous le saurez bientôt. On y va ?

Clarita : passez une excellente soirée.

Priya : merci et vous aussi Clarita.

Et ils sont partis.

Arrold : bonsoir Priya.

Priya : j'espère que vous allez me ramener à l'appartement.

Arrold : pas cette fois.

Priya : ne me dites quand même pas que vous allez m'emmener au gala dans ces tenues…

Arrold : j'ai une solution pour ça.

Priya : et moi, je vous ai dit que je ne veux pas y aller.

Arrold : et moi, je vous ai dit que je ne veux y aller qu'avec vous.

Priya n'a rien dit. Ils se sont dirigés vers un salon de beauté.

Priya : mais…ça coûte une fortune de faire des soins ici.

Arrold : la propriétaire est une amie à moi ; ne vous inquiétez pas pour les frais.

Ella : Arrold ! Quel plaisir de te voir.

Arrold : Ella, je te présente Priya ; une…

Ella : oh, ce n'est pas la peine. J'ai déjà vu vos photos dans des magazines.

Priya : quoi ? Quel magazine ?

Arrold : ce n'est pas la peine de s'inquiéter pour ça Priya. Les paparazzis en font toujours des tonnes. Ella, Priya va venir avec moi au gala ce soir. Et je compte sur toi pour t'occuper d'elle.

Ella : tu veux que je fasse quoi ?

Arrold : surprends-moi ma chère. Je reviendrai la récupérer à 20h30.

Priya : vous allez où ?

Arrold : me préparer et régler quelques détails en passant. J'en profiterai pour informer Rihana et Laura de votre absence ce soir.

Ella : tu seras ébloui Arrold ; ne t'en fais pas, je m'occuperai d'elle.

Arrold : bon, je vous laisse. A plus les filles.

Et Arrold est parti.

Ella : suivez-moi, Priya. Le temps est précieux pour Arrold alors mieux vaut qu'on commence dès maintenant. Choisissons d'abord votre tenue : vous allez assister au couronnement d'Arrold alors, vous devriez être sublime.

Priya : au couronnement ? ! J'ignorai qu'Arrold était d'une lignée royale.

Ella : sa grand-mère était la reine de Norwich.

Priya avait l'air perdu.

Ella : je plaisante. C'est juste que ce gala est en son honneur et le centre d'attention de tout le monde sera sur lui. A peu près comme un couronnement.

Priya : expliquez-moi ce que ce gala signifie Ella.

Ella : si Arrold ne vous a rien dit, je ferai mieux de fermer ma bouche.

Priya : s'il vous plaît Ella. Je vous promets qu'Arrold ne saura rien.

Ella : d'accord. Arrold sera nommé l'un des hommes les plus riches de l'Amérique et classé parmi les cinq premiers meilleurs hommes d'affaire. Enfin, ils ne vont pas l'annoncer directement comme ça, mais c'est à peu près l'idée.

Priya : ah !

Ella : que pensez-vous de cette robe ? Elle est assortie à la couleur de vos yeux, raffinée et correspond parfaitement à ce genre d'évènement.

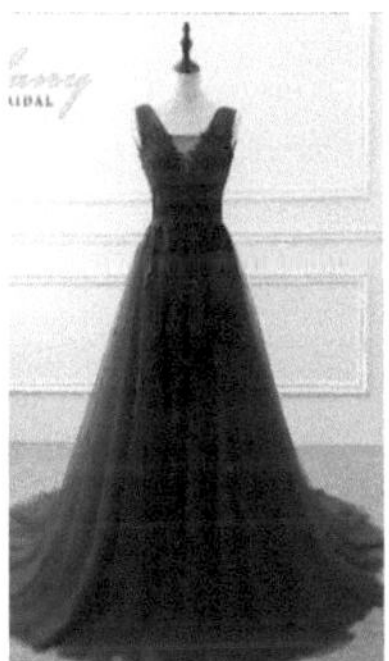

Priya : elle est jolie mais je préfère plutôt une autre ; de préférence de couleur noire.

Ella : vous n'avez peut-être pas tort. J'ai une collection à vous proposer. Venez avec moi.

Et Ella a montré les modèles à Priya.

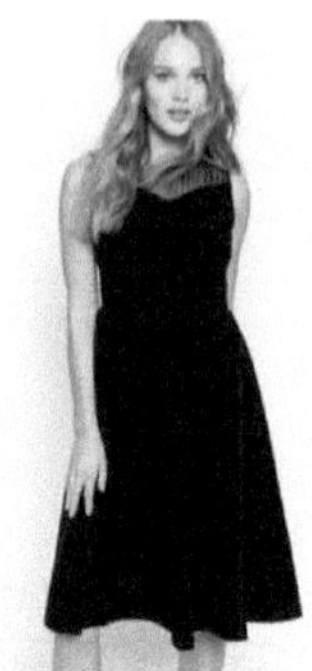
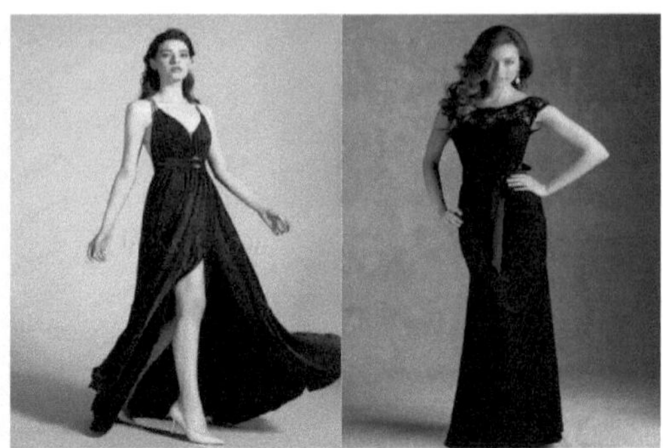

Priya : vous avez de très jolies collections à ce que je vois.

Ella : merci. Je fais de mon mieux pour satisfaire mes clients. La plupart d'entre eux exigent quelque chose d'unique mais simple.

Et Priya est allée dans la cabine d'essayage.

A 20h30 précise, Arrold est arrivé.

Ella : que tu es beau Arrold ; un vrai prince charmant.

Arrold : merci. Et pourquoi tu n'es toujours pas prête ?

Ella : tu m'as demande de m'occuper de Priya alors je n'ai pas eu le temps de me préparer. Mais ne t'inquiète pas, je serai là.

Arrold : je l'espère. Où est Priya ?

Priya : je suis là.

Arrold n'en croyait pas ses yeux. Priya est magnifique. Elle avait raison, le noir lui allait à merveille.

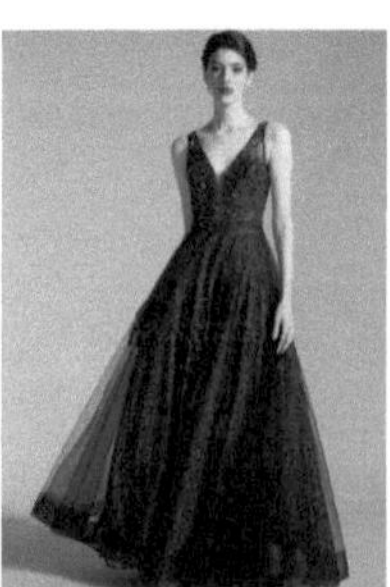

Ella : comment tu la trouves ?

Arrold : jolie boulot Ella. Tu m'envoies la facture demain.

Ella : sans faute.

Arrold : Priya, on y va ?

Priya : allons-y.

Et Arrold est parti avec Priya.

Ella : qu'ils sont mignons tous les deux. Un très beau couple.

15

Arrold : vous êtes magnifique Priya.

Priya : merci beaucoup. Vous n'êtes pas mal non plus.

Dès que la voiture d'Arrold est apparu de loin, approcher de la galerie où aura lieu le gala, les flashes des appareils photos des journalistes allaient presque les aveugler. Heureusement que les vitres de la voiture sont fumées.

Arrold : ah non ! On ne peut jamais passer inaperçu à cause de ces gens.

Priya : ne me dites pas que nous allons devoir traverser cette foule de journaliste.

Arrold : malheureusement, on est obligé. Nous ne pouvons plus faire machine arrière et entrer par derrière.

Arrold a pris son téléphone et a appelé quelqu'un.

Arrold : Jay, nous venons juste d'arriver. Tu peux sortir nous récupérer s'il te plaît ?

Jay : oui monsieur. J'arrive tout de suite.

Et Arrold a raccroché.

Priya : c'est qui Jay ?

Arrold : mon garde du corps.

Priya : ah ! Je me doutais.

Arrold : Sam, nous allons sortir.

Sam : avec ces journalistes, monsieur ?

Arrold : nous n'avons pas le choix. Ils ne vont pas partir de toute façon.

Sam : Jay est là. Je vais vous ouvrir la portière et aider Jay à faire reculer ces gens.

Et Arrold est sorti en premier ensuite suivi de Priya. Sam et Jay faisaient tout leur possible pour repousser les journalistes. Arrold pliait son bras pour que Priya puisse s'y accrocher.

Journalistes : M^{eur} Bayard, une petite déclaration s'il vous plaît.

Sam : M. Bayard n'a rien à vous dire pour le moment alors, laissez-les passer.

Journaliste : qui est cette jeune et jolie femme qui est à vos côtés depuis quelques jours déjà ? Est-ce votre petite-amie ? Aurons-nous une annonce pour votre mariage bientôt ?

Sam : je vous ai dit de reculer.

Et ils sont finalement entrés à l'intérieur.

Arrold : enfin !

Priya : et ce Sam, qui est-ce ?

Arrold : le chauffeur de Laura et Steffi mais aussi un garde du corps comme Jay. Je suis content que vous soyez venue avec moi ce soir Priya.

Priya a seulement souri.

Lucas : enfin le roi de la soirée est arrivé. Ohhh…Et qui est cette ravissante jeune femme avec qui tu es venue…

Priya : c'est moi Lucas.

Lucas : oh, Priya ; je ne t'avais pas reconnu. Tu es radieuse.

Priya : merci Lucas.

Lucas : en fin de compte, Arrold avait de le chance de ne pas avoir trouvé une cavalière.

Arrold : tais-toi Lucas.

Lucas : en tout cas, sois la bienvenu Priya et amuse-toi.

Priya : merci.

Quelques temps après, c'était le moment de présenter Arrold et lui attribuer le titre du meilleur homme d'affaire.

Lucas : votre attention…Bonsoir à tous. On est heureux de fêter un si grand évènement avec tous. Pour commencer, qui ne connaît pas Arrold Bayard et Bayard Technology… ? Réputé d'avoir fabriqué les meilleurs appareils électroniques de l'Amérique. Aujourd'hui, grâce à sa persévérance et celle des employés de Bayard Technology, la compagnie a produit les meilleures tablettes les plus économiques de tous les temps. Veuillez accueillir Arrold Bayard.

Des tonnerres d'applaudissement ont accueilli Arrold.

Arrold : bonsoir à toutes et à tous. Je suis heureux de partager cette joie avec vous tous ici présent. Si la marque BYD est devenue aujourd'hui l'une des meilleures marques, c'est surtout grâce à tout le personnel de Bayard Company qui ont toujours travailler dur pour donner le meilleur. Alors, j'adresse mes sincères remerciements à tous les employés de Bayard Technology.

Applaudissement...

Lucas : à présent, il est temps pour M[eur] Bayard de recevoir son prix.

Il y avait quelques protocoles pour la remise des prix. Arrold a reçu le titre du meilleur homme d'affaire et concepteur technologique. La marque BYD a aussi reçu le titre de la meilleure marque. Les journalistes ont pris des photos et Arrold tenait à ce que Priya prenne des photos avec lui. Cette dernière était un peu gênée. Après tout cela, la soirée a continué par un cocktail et de la musique. Pour commencer la fête, Arrold était obligé de danser et ce n'était qu'avec Priya. Et ils ont dansé. Tous les yeux sont gravés sur eux.

Arrold : vous resterez avec moi durant toute la soirée.

Priya : je n'ai pas vraiment le choix. Je ne connais personne à part vous ici.

Arrold et Priya se sont regardés.

Arrold : vous permettez que je vous dise quelque chose ?

Priya : allez-y.

Arrold : vous...vous êtes très belle et je ne veux pas me lasser de vous regarder.

Priya a seulement souri. D'ailleurs, ses joues rougissaient. Arrold a posé la main de Priya sur sa poitrine.

Priya : mais que faites-vous ?

Arrold : vous entendez ces battements de mon cœur ?

Priya n'a rien dit. Arrold s'est approchée d'elle encore plus et ils étaient si proches. Priya posait sa tête sur la poitrine d'Arrold. Elle pouvait entendre les battements du cœur de celui-ci.

Arrold : eh bien, c'est vous qui le fait chavirer ainsi.

Et Arrold s'est penché et a embrassé Priya. Celle-ci a fermé les yeux sentant les lèvres délicates d'Arrold posées sur les siennes.

Peu après, ils ont quitté la piste de danse.

Mireille : félicitation frangin, je suis fière de toi.

Arrold : merci. Euh...Mireille, je te présente Priya...ma cavalière. Et Priya, je te présente Mireille, c'est ma sœur.

Priya était surprise qu'Arrold la tutoie.

Mireille : ravie de te connaître Priya. Et ce n'est pas la peine de se gêner entre nous, d'accord ?

Priya : entendu Mireille.

Mireille : je suis contente de savoir qu'Arrold ait connu quelqu'un comme toi. Il le fallait vraiment.

Priya a regardé Arrold en souriant.

Mireille : vous formez un joli duo. Vous n'avez pas vu comment les regards étaient gravés sur vous tout à l'heure durant votre danse. Tout le monde vous enviait. Croyez-moi, des photos, il y en aura partout d'ici quelques jours.

Priya : on ne peut vraiment pas éviter ça.

Arrold : non. Ça leur fait plaisir de raconter la vie des gens dans leurs foutus magazines.

Priya : Arrold, un peu de retenu. Bon, je vous laisse ; je vais prendre un peu l'air.

Arrold : ne t'éloigne pas trop Priya. Demande à Jay de t'accompagner s'il le faut.

Priya : tu as bien dit s'il le faut.

Et Priya est partie.

Mireille : vous sortez ensemble ?

Arrold : c'est le début de l'histoire. Rien n'est encore sûr.

Mireille : ah oui ? Et ce baiser de tout à l'heure alors ?

A peine franchi le seuil de la porte, quelqu'un a menacé Priya par derrière. Celui-ci a posé une armer dans son dos.

Inconnu : ne crie pas ma chère et ne fais aucun geste qui pourrait éveiller les soupçons des gens. Tu vas prendre ton téléphone et tu vas dire à ton petit-ami Arrold de te rejoindre dehors dans deux minutes.

Priya : Arrold n'est pas mon petit-ami.

Inconnu : comme c'est charmant. Et tu crois vraiment que je vais croire ça ?

Priya : c'est la vérité.

De son côté, Jay a vu que Priya se comportait de façon étrange en plus, dans les mains d'un inconnu. Et puisque qu'Arrold lui a ordonné que personne ne s'approche de Priya et ne la touche, dès qu'il a vu ce geste, il s'est tout de suite approché.

Jay : relâchez-la, tout de suite ou je colle une balle dans ta tête.

Quelques invités ont vu la scène et ont crié.

Inconnu : que personne ne bouge.

Il a tiré deux coups en l'air. Malheureusement, il n'était pas seul et ses amis ont déjà retenu quelque gens en otages. Très vite le silence régnait. Arrold s'est affolé quand il a vu Priya entre les mains de ces bandits en plus, une arme braquée sur sa tempe.

Inconnu : Arrold Bayard, quel effet ça fait d'être élu l'homme le plus riche de l'Amérique ?

Arrold : relâchez-la et dites-moi ce que vous voulez.

Inconnu : tu devrais déjà savoir ce que je veux. Que tout le monde sorte d'ici. Je veux traiter seul à seul avec lui.

Et les autres hommes de main ont fait sortir tout le monde. Mais quelques-uns d'entre eux ont voulu jouer le malin et les bandits leur ont tiré dessus.

Inconnu : très bien. Maintenant, demande à tes hommes de baisser leurs armes.

Arrold a ordonné à Jay et Sam de baisser leurs armes et qu'ils sortent.

Arrold : maintenant, que voulez-vous ?

Inconnu : cette créature entre mes mains est délicieuse.

Il a humé l'odeur de Priya et a déposé un baiser sur sa joue. Arrold était furieux et a voulu s'approcher.

Inconnu : oh oh oh...reste où tu es. Tu n'aimerais sans doute pas la voir étendue sur le sol sans vie.

Arrold : vous voulez de l'argent c'est ça ?

Inconnu : tu es intelligent. J'ai donné un numéro de compte à Priya. Tu vas déposer 5 millions de dollar dans ce compte dans moins de deux jours.

Arrold : comment voulez-vous que je trouve une somme pareille en aussi peu de temps ?

Inconnu : tu es un multimillionnaire bientôt un milliardaire alors je trouve que deux jours c'est amplement suffisant pour que tu rassembles cette somme. Tu fais le contraire et boummm...Priya sera si pied sous terre.

Priya s'est débattue et a donné un coup à son agresseur. Celui-ci se sentait mal et n'a pas pu retenir Priya. Alors, elle a pu s'échapper en direction d'Arrold. Mais le bandit s'est vite redressé et les a tirés dessus.

La police est arrivé et a capturé deux des agresseurs mais le coupable a réussi à s'enfuir en sortant par la porte de derrière.

Sam et Jay se sont précipités pour entrer et ils sont restés bouche-bée en arrivant à l'intérieur en soupirant. Les journalistes aussi étaient là.

FIN...

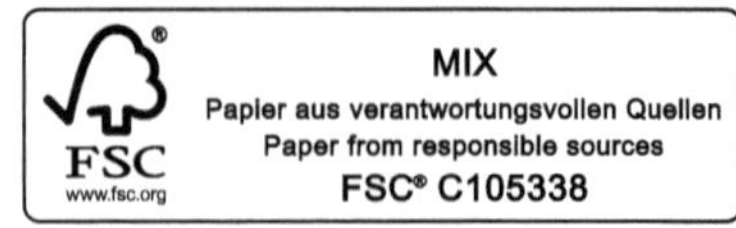

Printed by Books on Demand GmbH, Norderstedt / Germany